LÉONCE GRASILIER

RÉTIF DE LA BRETONNE INCONNU

Notes et documents inédits
avec une gravure.

Du Panthéon on voit Bicêtre
et réciproquement.
CH. MONSELET.

EN VENTE A PARIS
CHEZ ALPH. MARGRAFF, LIBRAIRE
37, rue Saint-André-des-Arts (VIe)

RÉTIF DE LA BRETONNE

INCONNU

DU MÊME AUTEUR

L'ADJUDANT-GÉNÉRAL JEAN LANDRIEUX, Chef d'Etat-Major de la Cavalerie, chargé du bureau de l'Armée d'Italie sous Bonaparte. In-8°, 315 p. Stock épuisé.

AVENTURIERS POLITIQUES sous le consulat et l'empire. Le baron de Koli, etc. Un volume in-8°. Ollendorff.

Un Secrétaire de Robespierre : SIMON DUPLAY, attaché au Ministère de la Police de 1797 à 1827. (Les Sociétés Secrètes). In-8°. Epuisé.

PAR QUI FUT LIVRÉ LE GÉNÉRAL PICHEGRU. Un policier amateur. Jolicler. In-8°. Epuisé.

L'AFFAIRE PETIT DU PETIT-VAL. Crime politique ou non ? La vérité. Un volume in-12. Perrin, édit. 1927.

LES BULOW ET L'ESPIONNAGE ALLEMAND SOUS NAPOLÉON Ier. (La Nouvelle Revue).

QUINZE ANS DE HAUTE POLICE sous le Consulat et l'Empire, souvenirs de J.-M. Desmarest, Chef de ce service. Annotés par Léonce Grasilier. Un vol in-18. Garnier, édit.

MÉMOIRES DE Mlle AGLAÉ, Actrice, Courtisane, Femme de bien. Révolution, Consulat, Empire. Manuscrit de Palasne de Champeaux, Introduction, notes, etc., par L. Grasilier. Un vol in-12, illustré. Albin Michel, édit.

LÉONCE GRASILIER

RÉTIF DE LA BRETONNE
INCONNU

Notes et documents inédits
avec une gravure.

Du Panthéon on voit Bicêtre
et réciproquement.
CH. MONSELET.

EN VENTE A PARIS
CHEZ ALPH. MARGRAFF, LIBRAIRE
37, rue Saint-André-des-Arts (VIe)

RETIF DE LA BRETONNE
Frontispice des "NUITS"
(Voir p. 23)

A LA MÉMOIRE

DE

LÉON BOUYER

1865-1918

Avocat au barreau de Saintes,
poète au verbe sonore des *Cyclades*,
historien consciencieux du *Marquisat de Monconseil*,
biographe spirituel
d'*Une intrigante et son mari au XVIIIe siècle.*

Fidèlement,

LÉONCE GRASILIER.

Rétif de la Bretonne

INCONNU

Rétif de la Bretonne n'a jamais manqué d'admirateurs, ni de gens qui ont eu pour lui le plus grand mépris. Depuis, surtout, que le bibliophile Jacob, c'est-à-dire le savant Paul Lacroix, Charles Monselet, Assézat, Jules Soury, Vallery-Radot, Paul Cottin et M. Funck-Brentano ont publié sur cet auteur des biographies élogieuses, sans restriction, et de compendieuses bibliographies, il serait, paraît-il, fort mal venu de ne pas s'associer à leur concert de louanges et de ne pas brûler de l'encens en l'honneur de cet homme qui, dédaigné et presque oublié, est devenu subitement *tabou*.

Mais, il ne nous paraît pas trop téméraire, dans l'intérêt de la vérité historique, d'apporter quelques pierres dans le jardin fleuri entretenu par ces savants et honorables critiques. La louange outrée, comme toute chose poussée hors des limites de la saine raison, provoque la réaction. Un des derniers panégyristes ne déclare-t-il pas Rétif de la Bretonne « le plus grand écrivain du xviiie siècle » ? Il est vrai que Rétif vaniteux à l'excès, avait dit lui-même : « Je fais un livre immortel », et que, sans vergogne, il déclarait que ni Voltaire, ni J.-J. Rousseau, ni Buffon, n'auraient ses conceptions. Or, au risque de se faire excommunier, anathématiser, tout au moins, par les admirateurs passionnés de *Monsieur Nicolas*, nous pouvons bien dire que Rétif ne fut qu'un autodidacte excentrique, un philosophe à morale très spéciale, un écrivain maniaque, se prisant orgueilleusement au-dessus

de tous, mais qui demeurera, malgré tout, un des glorieux ancêtres du Naturalisme contemporain.

S'il ne faut pas toucher à l'écrivain, il ne faut pas non plus toucher à l'homme, sans entendre crier à la persécution, au martyre. Assézat, qui fut un des érudits les plus familiarisés avec les hommes et les choses de la Révolution, a jeté les hauts cris dans une étude qu'il a placée en tête d'une réédition des *Contemporaines* : « Rétif traversa la Révolution, écrit-il, sans s'y mêler autrement que comme spectateur. » Quant à ce que disent les biographies générales ou autres, pour lesquelles Rétif est un homme capable de tous les crimes et digne de tous les mépris, et sur ses relations avec la police qui autorisa ses ouvrages, on ne voit pas trop dans quel intérêt, *il faut considérer cela comme fable* ; si Rétif eût voulu demander du pain à quelque métier déshonorant, il n'eût pas été sans doute obligé de travailler manuellement, malgré les infirmités que l'âge avait amenées avec lui, au moment même où les *Posthumes* étaient saisies ; un appel désespéré lui valut une place au ministère de la Police générale. Cette place est la cause probable des accusations portées contre lui... mais il ne put la remplir, il donna presque aussitôt sa démission. » (1).

Cette assertion contient autant d'erreurs que de lignes, ainsi que nous l'avions constaté, il y a de cela une trentaine d'années, au cours de nos recherches sur Desmarest, chef de la haute police sous Fouché, dont il était le bras droit, et sous le duc de Rovigo, qui se reposait entièrement sur lui, pour ce qui était de la police secrète.

---

(1) J. ASSÉZAT : *Vie de Rétif de la Bretonne.* Introduction à une édition des *Contemporaines.* Librairie Charpentier p. 27.

Ainsi que veut bien l'avouer Assézat, Rétif fut employé dans les bureaux du ministère de la Police générale, et cela, presque à sa formation. Il était intéressant de connaître les raisons de cette admission, et c'est ce qui a occasionné de longues recherches, dont les résultats font l'objet de ce travail.

*
* *

L'entrée de Rétif de la Bretonne, plus que sexagénaire, dans les bureaux d'un ministère, est un fait en lui-même anormal. Ce n'est pas, en effet, à l'âge de la retraite que l'on entre dans une carrière nouvelle, même en temps de révolution.

Lorsque le Directoire créa le ministère de la Police générale, il arriva ce qui arrive toujours en pareil cas dans le recrutement du personnel : aux créatures du moment, on adjoignit des éléments anciens. Ceux-ci, représentant la tradition, apportaient les errements de leur temps à des méthodes nouvelles inexpérimentées. Avec des vieux employés du Comité de Sûreté générale de la Convention, entrèrent d'autres plus anciens encore, qui avaient exercé sous le Lieutenant de Police avant 1789. Rétif de la Bretonne fut-il de ce nombre ? Aucun document officiel ne l'établit. Il n'existe aucune liste des agents de cet officier du régime royal. Cependant, à défaut de preuves matérielles, des indices sérieux viennent leur suppléer, et c'est en lisant attentivement certaines œuvres de Rétif que, peu à peu, la révélation se fait et que la conviction s'établit. Tel fut le cas pour le regretté Henry Céard, qui, après lecture attentive de divers ouvrages de Rétif, se rangea sans hésiter à notre avis.

Rétif, qui a écrit près de deux cents volumes, qui n'a jamais oublié de se peindre lui-même, de parler de lui en toute occasion, a bien pris garde de ne parler clairement de ses relations avec les gens de police, que d'une façon peu précise, tandis qu'il est verbeux, prolixe, quand il raconte les faits dont il a été témoin, et dans lesquels il se donne un rôle — le beau. Or, à toutes ces histoires, ou romans, on doit accorder un fond de vérité, car on sent qu'ils ont été vécus. Rétif part toujours d'un fait réel, qui lui sert de thème ou de base, quitte à le rendre méconnaissable ou à l'entourer de broderies sous lesquelles il disparaît.

Une fois la *base* trouvée, le thème

de son histoire, il lui fallait une *muse*, c'est-à-dire une femme correspondant à son idéal du moment, et bien en rapport avec son sujet ; cette muse excitera son cerveau. Et ce commerce mental lui est absolument indispensable pour la confection de son œuvre quelle qu'elle soit, la moins idéale, la plus matérielle, la plus dépourvue de poésie.

La *muse* et la *base*, tels sont les deux points essentiels à trouver, à bien préciser tout d'abord.

Or, quelle *base* plus propice à une exploration que l'ouvrage intitulé *Les Nuits*, dans lequel Rétif, *spectateur nocturne*, comme il se qualifie lui-même, se montre tout entier dans son originalité et son « naturalisme »?

Où donc Rétif a-t-il puisé toutes ces histoires d'un saisissant réalisme, pour en former un recueil, comme il avait précédemment collectionné sur le vif les *Contemporaines* ? Ce ne peut être que dans ses promenades, ses excursions vers certains quartiers de Paris, toujours les mêmes, particulièrement favorables à ses études nocturnes. Comment pouvait-il sans crainte des gens, et sans se soucier de la police de M. le Lieutenant, se hasarder dans les bas fonds du Paris d'alors, dans les tripots, parmi les voleurs, dans les bouges et chez les filles ? Car c'est là, dans ces milieux, qu'est son champ d'action, d'explorations nocturnes.

Au frontispice du premier volume des *Nuits*, Rétif a placé une gravure exécutée sous sa direction, le représentant sortant de chez lui, rue de la Bucherie, tout équipé pour entreprendre sa ronde habituelle. Notre homme est affublé d'un immense manteau, qui le couvre entièrement, du col à la cheville ; sa tête est coiffée d'un grand chapeau à larges bords. Par surcroît, il a, dans cette gravure, fait placer, sur son couvre-chef, un symbolique *hibou*, oiseau cher à Minerve, emblème de vigilance nocturne, dont la présence est suffisamment significative.

Il est d'usage, chez les gens qui se font portraiturer, de se faire peindre avec les insignes de leurs fonctions, ou les attributs de leur état : l'écrivain, dans sa bibliothèque ; l'artiste, devant son tableau ; l'amateur, au milieu de ses collections ; le chasseur, avec ses armes et ses limiers. Rétif n'a eu garde de déroger à la coutume ; Binet, son dessinateur habituel, a, sur ses indications, placé dans le fond des scènes caractéristiques des occupations journalières de son modèle. On voit Rétif dans la rue, son champ d'action. C'est le soir, les reverbères sont allumés ; à gauche, un enlèvement de filles sous la surveillance du guet à pied et à cheval ; à droite, des voleurs crochettent une porte ; enfin, en haut, dans le ciel sombre, un second hibou accourt à tire-d'aile accompagner son confrère dans sa ronde. Le « spectateur nocturne » se dirige sur le quai dont on remarque une borne vers l'île Saint-Louis et les quartiers limitrophes. En le voyant ainsi équipé, ne dirait-on pas une sorte de moderne chevalier du guet, avec le manteau couleur de muraille des rôdeurs qui le rend invisible dans sa ronde policière ? Le texte explicatif de la gravure est d'ailleurs à souhait pour confirmer la conjecture.

Voilà l'homme.

Que l'on prenne maintenant *Les Nuits de Paris*, qu'on les lise attentivement, et l'on constatera, même sans chercher à lire entre les lignes, qu'ici, Rétif n'a fait que rédiger à nouveau, en les amplifiant et les brodant à plaisir, les plus curieuses, les plus originales, les plus typiques des mille et une observations qu'il a faites au cours de vingt années, de 1767 à 1787, ainsi qu'il a pris soin de le dire dans son introduction.

Or, toutes ces histoires fleurent l'incursion policière, sentent le *rapport*, non point d'un agent d'exécution, mais bien d'un simple agent de renseignements, autrement dit, un *inspecteur*. qui signale au guet, les gens et leurs méfaits et adresse un rapport au commissaire.

Ce fut certainement à l'aide d'un pareil emploi, que Rétif put, à son gré, circuler impunément dans les quartiers les plus mal famés de Paris et s'introduire dans les repaires du vice et de la corruption, sans craindre d'être inquiété par les agents du Lieutenant de police. Les Archives renferment des milliers de rapports très propres à fournir le canevas d'histoires semblables à celles des *Nuits*. Il suffirait d'un peu d'imagination et d'un habile tour de main, pour en tirer des nouvelles fort intéressantes et même tout aussi scabreuses que celles de Rétif, en tous cas, certainement plus « lisables », (selon sa propre expression) que les élucubrations philosophiques, scientifiques, religieuses et morales (?) dont il a encombré ses volumes, car cet homme était omniscient.

Quel autre emploi, en effet, convenait mieux à sa nature ? Il était dans ses goûts, dans ses aptitudes, il favorisait sa manie d'écrire. Rétif a passé sa vie à observer celle du peuple ; il a narré les faits et gestes de gens pervertis, mais sa plume savait aussi peindre des tableaux de mœurs patriarcales, d'un très grand charme et d'une émouvante simplicité.

Au profit d'une libre circulation pour les études spéciales, dont il tirait bénéfice ensuite par la vente de ses livres, s'ajoutait indubitablement le maigre salaire qu'il percevait à la caisse de la Lieutenance. Rétif avait-il donc un tel besoin d'argent ? Ce fut un besogneux toute sa vie, et il se trouva plus d'une fois dans le plus grand dénuement. Il a publié près de deux cents volumes, dont les éditions se sont toutes assez bien vendues. Mais le gain de l'une servait à en publier une autre. Il y avait aussi des dépenses imprévues. Enfin, sa main était trop facilement ouverte pour secourir le malheur.

Rétif vivait en marge de la société, par goût, et dans un isolement, conséquence de son mode d'existence. Il fuyait le monde et le monde ne l'adoptait pas. Si des nobles, des riches, des gens de finances ou en place l'ont parfois recherché et attiré chez eux, même au moyen de subterfuges, ce ne fut jamais que par curiosité singulière, comme l'on ferait d'un phénomène. Il avait cependant quelques amis, quelques familiers peut-être, qui s'inclinaient devant son originale et vaniteuse personne. Confiné chez lui, il évitait et dédaignait les invitations à dîner chez des gens curieux de voir ce paysan du Danube. Il préférait son par trop frugal repas. On l'a vu, dans l'île Saint-Louis, assis sur une borne, faire son repas avec un œuf et un morceau de pain. Aussi, l'auteur de *l'Almanach perpétuel des pauvres diables* pour l'an XI, disait-il fort justement : « Rétif de la Bretonne a fait plus de livres que de bons *dînés*. »

Rétif se livrait aussi à un travail manuel, il imprimait lui-même ses œuvres. Ayant été typographe, cela lui permit de se créer une petite imprimerie dans laquelle il « levait la lettre », parfois, sans copie, composant doublement, dans les deux acceptions du mot.

Nous croyons donc indubitable la présence de Rétif parmi les *gens* de

Monsieur le Lieutenant de police. Quant à préciser les raisons qui l'y firent admettre, on ne peut que conjecturer le besoin, la passion de l'observation, voire même des relations anciennes, au temps où le *paysan perverti* se livrait tout entier à la débauche, lors d'un premier séjour à Paris. Peut-être aussi, y eut-il recommandation d'une personne intéressée en relation avec Monsieur le Lieutenant. — Qui sait ? Ne serait-ce point sa *muse* qui l'y aurait placé ?

*
* *

La deuxième condition essentielle à Rétif pour la composition de ses œuvres, c'était d'avoir une *Muse* : être, plus ou moins idéal, vers lequel il portera son esprit pour l'exciter.

On connaît quelques-unes de ces muses qui ne furent pas toujours des déesses idéales ; le soulier rose de Mme Parangon, posé sur sa table, lui servit longtemps à échauffer sa verve pour le *Pied de Fanchon*. Mais, si l'on connaît plus ou moins les muses de ses premiers ouvrages, il n'en va pas de même pour *Les Nuits*. Cette fois il a pris soin de fixer certains détails, qui sont, selon son habitude, plus faits pour égarer le chercheur que pour l'éclairer, il paraissait difficile d'identifier la muse.

Rétif raconte à ce sujet une petite histoire : « On était, dit-il, en automne. « Je revenais de la rue de Saintonge, « et je traversais les rues solitaires du « Marais. J'étais dans la rue Payenne. « Une maison neuve reflétait vivement « la lumière de la lune. Je lève les « yeux et j'aperçois à la fenêtre une « femme, belle encore, assise sur des « carreaux, mais la tête et les bras « penchés en dehors, sur l'appui du « balcon. » Alors, la conversation incontinent s'engage entre l'homme de la nuit et cette femme, qu'il appelle du nom poétique de « Vaporeuse ». Ce sera sa *muse.*

Cette mise en scène a de vagues ressouvenirs des *Contemporaines*, et fait songer à ces femmes qui, à la fenêtre, font des appels aux passants pour avoir avec eux de faciles conversations, loin de toute métaphysique. Ce prélude sent la plus naïve composition de la part d'un homme habitué à de pareils spectacles.

C'est là, le point de départ des mille et une histoires que le spectateur nocturne vient lui raconter, tout en sollicitant parfois, en même temps, son influence pour des malheureux à tirer de peine, ou pour de tristes sires qui redoutent la corde ; plus souvent pour des aigrefins, piliers de tripots.

Le bibliophile Jacob a prétendu identifier la « Vaporeuse », mais il est impossible d'accepter sa thèse. En effet, pour cet homme très érudit, la mystérieuse dame ne serait autre qu'une certaine marquise de Montalembert. Or, pour appuyer son opinion, il ne peut alléguer qu'une mention de ce nom, sans spécification, dans les fameuses *inscriptions* du promeneur maniaque. C'est peu et ne vaut pas davantage que l'éphémère rencontre de l'auteur avec la dame en question, chez Pelletier de Morfontaine.

Paul Lacroix ajoute, sans plus d'authenticité, que Rétif « avait fait « quelques infidélités à cette *muse* « invisible, en lui donnant pour rivale « une marquise de Marigny, » qu'il n'avait pas vue davantage.

D'après la chronique scandaleuse, cette marquise de Montalembert était une dame légère, extravagante et folle, qui, à la suite d'une fantaisie amoureuse, aurait donné le jour à un enfant nègre. Toutes ces belles qualités la rendent impropre à être identifiée avec la muse des *Nuits*. En outre, la dame avait quelque chose comme vingt-sept ans de plus que Rétif, né en 1734, c'est-à-dire qu'elle fleurait la soixantaine et par conséquent un peu trop mûre pour servir de muse à un homme de trente ans.

La « Vaporeuse » n'est certainement nullement évaporée. C'est une dame de qualité, de bonne société, qui a de hautes relations et jouit d'un grand crédit, précisément auprès du Lieutenant de police ; Rétif en use, et ses protégés deviennent ceux de la mystérieuse dame. Ce ne peut donc être la marquise de Montalembert dépourvue de crédit et jouissant d'une mauvaise réputation.

*
* *

Le mystère demeurait impénétrable lorsque, après bien des années presque d'oubli, le hasard, cette providence des chercheurs, vint inopinément réveiller la question et lui apporter secours.

Un érudit de province, aussi spirituel que plein de cœur, que la mort a subitement enlevé trop jeune : le regretté Léon Bouyer, avocat estimé au barreau de Saintes, qui occupait ses loisirs, surtout les loisirs forcés durant la grande guerre, à des recherches historiques sur sa petite patrie, nous écrivit pour nous demander « si un certain Rétif, notaire « en Saintonge, au XVIIIe siècle, avait « quelque lien de parenté avec son « contemporain, Nicolas Rétif de la « Bretonne, parisien de Bourgogne. »

Le lien n'apparaissait point, bien que la famille fût des plus nombreuses et des plus prolifiques à cette époque, et qu'Edme Rétif, père de Nicolas, ait eu, à lui seul, quatorze enfants.

La question était bien des plus intéressantes, comme tout ce qui touche à Monsieur Nicolas, mais le correspondant ajoutait que le notaire Louis Rétif était le notaire, l'homme d'affaires, d'une très haute dame : la marquise de Monconseil.

Ce fut l'éclair qui illumina la nuit.

La marquise de Monconseil ne serait-elle point la *Vaporeuse*, que Rétif nomme lui-même, *la marquise de M...*, et la montre comme la cheville ouvrière dans divers récits des *Nuits*, où elle joue, en effet, un rôle absolument conforme à ce que l'on sait de Madame de Monconseil ?

Pauline Rioult de Curzay, marquise de Monconseil, avait de qui tenir, car elle était nièce de la fameuse Mme de

Prie, et, bon sang ne pouvant mentir, elle fut donc, comme sa tante, une des femmes les plus habiles du XVIIIe siècle, à débrouiller et à embrouiller les écheveaux de l'intrigue. Femme assez séduisante, elle usa d'abord de ses charmes pour tenir éloigné d'elle le marquis, son époux, colonel d'un régiment dont il était propriétaire, en même temps que vague introducteur des ambassadeurs. Elle réussit à obtenir du roi pour cet homme important, surtout mari gênant, le gouvernement de Colmar et de Huningue.

Mais elle se garda bien de l'y suivre, préférant vivre désormais en pleine indépendance, à sa guise. Selon ses caprices, elle prendra des amants, qui favoriseront ses goûts de luxe et seront utiles aux intrigues, dans lesquelles elle s'entend à merveille : c'est son élément !

Cette vie singulière de la marquise de Monconseil, amène celle-ci à s'intéresser à des gens de la haute et de la basse société ; elle est mise en rapport avec des hommes véreux, tarés, des escrocs de profession et surtout des joueurs, piliers de tripots, pour qui elle s'entremet, sans scrupule, auprès de Monsieur le Lieutenant de police. Pendant plus de trente ans, on la voit empressée auprès des Berryer, des Sartine, mettant en branle toutes les influences, et jusqu'au ministre d'Argenson, un de ses plus notables amants. Dans les archives de la Bastille on trouve encore des billets d'elle, qui attestent son entremise et son influence (1).

Or, pendant vingt années, de 1767 à 1787, Rétif opéra ses rondes policières et usa du crédit de la « *Vaporeuse* » qui intervient favorablement auprès du Lieutenant de police.

Il faut noter ici, un fait très

(1) BIBLIOTHÈQUE DE L'ARSENAL. *Archives de la Bastille*, manuscrits 11.679 et 12.279.

important, pour ainsi dire concluant, pour l'identification : en rédigeant la cent vingtième *Nuit*, Rétif a trahi sa *muse*. Sans aucune nécessité, sans que rien le motive, *ex abrupto*, il a fait un récit volontairement fantaisiste, selon son habitude, de la mort de la marquise, qui mourut, en effet, le 21 janvier 1787, quelques mois à peine avant la publication de l'ouvrage (1). Or, si cette dame n'avait pas tenu une place importante dans sa vie, quel besoin Rétif aurait-il eu de parler

(1) Sur la gravure qui accompagne ce récit, Rétif s'est fait représenter au chevet de la moribonde, couvert de son manteau et *coiffé* de son immense chapeau.

ainsi d'elle, et d'en entretenir les lecteurs à la fin de ses histoires extraordinaires, mais en général peu macabres ?

Rétif de la Bretonne dut-il son emploi à la marquise, ou était-il déjà au service du Lieutenant de police ? On ne saurait trancher la question, ni dans un sens, ni dans l'autre. Cependant, d'après son témoignage, il semblerait qu'il était déjà depuis dix ans employé, lorsqu'il rencontra sa muse, rue de Saintonge, et cette rue, par une étrange coïncidence, porte le nom de la province où se trouve le marquisat de Monconseil et du notaire Rétif. Ceci ne peut être absolument l'effet du hasard sous la plume de l'homme des *Nuits*. Cette province joue, elle aussi, un rôle dans la vie du Bourguignon.

Léon Bouyer, dans sa très remarquable étude sur les époux Monconseil, avance, sans cependant l'établir, que la marquise aurait envoyé Rétif de la Bretonne en Saintonge, pour y organiser, de concert avec le notaire Louis Rétif, une surveillance très étroite auprès du marquis, dont elle redoutait les opérations financières, surtout testamentaires. Le consciencieux auteur s'imaginait peut-être que la rencontre sensationnelle du spectateur nocturne et de la « Vaporeuse », ne s'était pas produite en venant de la *rue* de Saintonge, mais au retour d'un voyage en cette province. On ne saurait le suivre sur ce terrain.

Ce voyage ne pouvait point avoir lieu ; le temps était compté pour Rétif, et les finances de la marquise étaient trop obérées à cette époque.

Cette mission pouvait bien n'être pas dans ses goûts, ni dans ses aptitudes : car on peut être bon observateur et nullement organisateur ; surtout en pays inconnu, au milieu de gens dont on ignore l'esprit, les mœurs et les tendances. Rétif, bavard et avantageux, n'eût pas manqué de parler de lui, car il n'en perd jamais l'occasion, dans tous ses livres qui sont, presque tous, des autobiographies, remplies de ses moindres faits et gestes. Or, il est muet sur ce prétendu voyage, tout autant que sur l'emploi qu'il occupe. Enfin, la façon dont il parle, incidemment, de la Saintonge, suffit à elle seule pour prouver qu'il ne l'a point visitée.

*
* *

A la suite des *Nuits*, Rétif a placé un hors-d'œuvre : ébauche d'un roman ou d'une sorte de satire ; chose mal ordonnée parce que mal conçue, plutôt ébauche d'un récit ultra-fantaisiste du genre pamphlet. C'est l'histoire d'un nain qu'il appelle *Nihil* : « Cet être, dit-il, fit ses études « à Asnières, son cours de politesse « sur le port de Marseille, celui de « morale avec les comédiens de pro- « vince, et sa philosophie chez les « ignorantins. » Et Rétif prend soin de préciser qu'Asnières dont il s'agit se trouve sur les confins de l'Aunis et de la Saintonge. Petite erreur, qui prouve que le narrateur n'était pas bien fixé sur la topographie, car le bourg en question n'est situé qu'à quelques kilomètres de Saint-Jean-d'Angély, ville plus éloignée de la province d'Aunis que de celle du Poitou.

Non, Rétif n'est jamais allé en Saintonge, et s'il a parlé de cette province, ce ne peut être que par ouï-dire. Ce ne fut certes pas avec la marquise, qu'il dut parler de ce pays, qu'elle-même ne connaissait pas beaucoup ; et ce ne pouvait être que par souvenir de jeunesse, enfin elle avait bien d'autres choses à dire, et d'autres affaires à traiter, que celle de *Nihil.*

Cette histoire du nain d'Asnières, Rétif ne la tiendrait-il pas d'un de ses obscurs collègues, le « second hibou de la gravure ! » Ce compagnon du spectateur nocturne nous paraît être un certain *Dumoulinneuf*, dont le nom figure dans quelques papiers des commissaires de police de cette époque. Le véritable patronyme de cet homme est *de Moulinneuf*, il était né en la paroisse Saint-Louis de la Petite-Flandre, au diocèse de Saintes, et située à quelques « lieues de pays » seulement d'Asnières, entre Tonnay-

Charente et Muron. Cette paroisse, qui n'existe plus depuis la Révolution, n'était en réalité qu'un hameau d'une trentaine de feux, dont les habitants descendaient des colons établis par Henry IV, pour le desséchement des marais de cette contrée.

Au courant des histoires, des légendes et des cancans du pays, du Moulinneuf dut en raconter à son collègue Rétif pendant leurs promenades nocturnes. Le Nain pourrait bien n'être qu'une méchante histoire que Rétif s'apprêtait à broder et à défigurer, selon sa coutume. Le fond, il faut le remarquer, était tout à fait en dehors des thèmes habituels de Monsieur Nicolas.

Ne serait-ce pas une méchanceté du second *hibou* contre un parent très proche, un frère peut-être ? En effet, un Marie-Juliette Salomon de Moulinneuf, fils de Joseph Salomon de Moulinneuf, écuyer, et de Marie-Madeleine de Saint-Blanchard, était né en 1758 à Saint-Louis de la Petite-Flandre.

Les débuts de ce jeune homme ont une singulière analogie avec ceux de *Nihil*. Pour la découvrir, il faut tenir compte des monomanies de Rétif de la Bretonne qui fait un usage constant de métonymie. S. de Moulinneuf fit ses études chez les Bénédictins de l'abbaye de Saint-Jean-d'Angély, à six kilomètres d'Asnières, où Nihil aurait fait les siennes avant d'aller faire son cours de politesse sur le port de Marseille, tandis que Salomon se rend avec sa famille, dans un autre port, à Rouen. A dix-huit ans il entre au séminaire et en 1774 il est admis chez les Oratoriens ; enfin, après avoir été ordonné prêtre en 1780, il exerça le professorat dans les collèges des PP. à Tours et à Dieppe, où il était préfet des études en 1783. Pour terminer le parallèle, observons que Nihil étudie la morale chez les comédiens de province; Rétif est assez antireligieux pour que l'on puisse admettre l'identification avec le clergé ; finalement ce nain extraordinaire étudie la philosophie chez les ignorantins ; là encore il y a antithèse : les prêtres de la Congrégation de l'Oratoire étaient tous des maîtres fort instruits, donnant un enseignement supérieur et tous hommes de bonnes manières et de parfaite tenue selon l'esprit de leur fondateur de Berulle (1).

---

(1) D'après les papiers de la Congrégation de l'Oratoire, antérieurs à 1789, conservés aux Archives Nationales. Le secrétaire a écrit *Julitte* et *de Moulinneuf*.

Là s'arrête la similitude des deux carrières, les éléments manquent absolument pour expliquer la suite du conte du *Nain Nihil*, qui ne donne pas une haute idée de la puissance d'imagination de Monsieur Nicolas, peintre de mœurs plutôt que romancier créateur.

A défaut d'une base documentaire précise, force était de procéder par raisonnement et déductions logiques, appuyées sur des faits; et notre conviction est que Nicolas Rétif de la Bretonne était des gens du Lieutenant de police, que la marquise de Monconseil fut sa protectrice auprès de celui-ci, et qu'enfin, elle fut la *muse* qui facilita la rédaction des *Nuits*, dont Rétif trouva le canevas, dans les milliers de rapports qu'il fut appelé à rédiger, au cours de ses trente années de service comme indicateur ou inspecteur (1).

Il est probable qu'après la mort de la marquise de Monconseil, peut-être même avant, Rétif ne fut plus employé. Il n'avait que cinquante trois ans; il avait donc exercé pendant

---

(1) Rétif avance lui-même cette durée dans l'introduction des *Nuits*.

ses années de maturité et de pleine vigueur. Cependant, le dur métier d'observateur de nuit, par tous les temps, n'était pas sans avoir, peu à peu, avec les privations et les chagrins, amené l'heure d'une retraite prématurée.

Il put donc à loisir écrire, et faire imprimer peut-être, son plus important ouvrage : *M. Nicolas ou le cœur de l'homme dévoilé, publié par lui-même.* Cela demanda sept ans. Entre temps, Rétif écrivit *les Nuits révolutionnaires,* qui ne sont pas, comme ses œuvres précédentes, de personnelles observations, mais qui, selon

M. Funck Brentano, « projettent la « lumière sur la psychologie de tous « ceux qui partagèrent alors en « France, la férocité de ses senti- « ments ». Cet ouvrage est bien loin de valoir le premier.

*
* *

« Durant les années de trouble, la « vente de ses livres cessa complè- « tement. Vint la dépréciation des « assignats, le pauvre Nicolas fut ruiné « jusqu'au dernier sol », dit son plus récent biographe.

C'est alors que M.-J. Chénier intervint, en faveur de Rétif, auprès du Comité d'Instruction publique, et le lendemain, 14 nivôse, an III (5 janvier 1795), il faisait voter une pension de 2.000 livres pour l'homme de lettres. L'orateur profita de l'occasion pour lancer quelques coups droits à Robespierre, qui avait dit : « Les « hommes de lettres, en général, se « sont déshonorés, dans cette révolu- « tion ; à la honte de l'esprit, la raison « du peuple en a fait tous les frais. »

Qu'était-ce que cette pension pour un homme de plus en plus dans la misère et la ruine, pour ce panier percé ? Rien, ou presque. Aussi, deux années sont à peine écoulées, bien qu'il fût employé à l'imprimerie du *Bulletin des lois,* qui devint l'Imprimerie nationale, sous la direction d'Anisson Duperron (pour qui il avait déjà travaillé), que Rétif adressait au Directoire, cet appel, mêlé à la fois de pitié et de colère, car il venait de de subir un cruel échec, même un affront, lors de la création de l'Institut auquel il ne fut pas élu par les quarante huit membres, nommés d'office par le Gouvernement :

Ce décadi, 10 vendémiaire an v.
(1er octobre 1796).

Citoyen Directeur,

Il vous paraîtra étrange qu'un in-

connu vous écrive pour la 1re fois. C'est que vous êtes le seul homme en place qui ayez accordé à un homme de lettres estimable estimé (aux rapports des voyageurs) des nations nous environant, à l'auteur de la Vie de mon père *ce qu'il a demandé. Telle est la source de ma confiance.*

*Ruiné par la suite de l'état de choses j'espérai qu'une place à l'*Institut National *me mettrait à l'abri de l'extrême besoin. Cette place, sans que je l'aie demandée, m'était promise. Jugés, Citoyen Directeur avec quel étonnement, j'ai vu que les efforts du Cen Mercier et du Cen Ber-*

nardin-Saint-Pierre avaient été inutiles pour moi. Jugés dans quel étonnement profond je suis tombé en voyant la liste immonde (passez-moi l'expression) de ceux qui m'avaient été préférés ! L'indignation me console, mais le C^{en} Mercier veut que je me remue ; mais je ne sais qu'un moyen de me remuer : c'est d'être utile à ma Patrie dans mon état. J'ai composé quatre traités de Physique, *de* Morale, *de* Religion, *de* Politique, *traités que je crois propres à former l'homme, le citoyen, et le C^{en} Bonneville (cercle social) vient d'en imprimer un* La Physique, *dont je vous* *prierai d'accepter un exemplaire aussitôt que l'imprimerie en aura été achevée. Pouvez-vous là quelque chose, Citoyen Directeur? car je n'en sais rien. Renfermé chez moi, travaillant du matin au soir, j'ignore tout, tout, et rapports et convenances. Je me jette avec confiance dans votre bonne volonté. On a secouru trop tard mon ami Baurine.*

Salut, respect, fraternité, liberté, justice. Votre ami,

RESTIF LA BRETONNE (1),

Rue du Fouarre, n° 16.

---

(1) Il signe tantôt *Restif*, tantôt *Rétif de la Bretonne* ou la Bretonne selon le temps et les gens.

En marge de cette lettre, les Directeurs : Carnot, Rewbell et Barras signèrent un arrêté prescrivant au ministre de l'Intérieur, de fournir au pétitionnaire « les subsistances « nécessaires, dont il peut avoir besoin « comme cela s'est pratiqué à l'égard « de Raynal. -- 1er vendémiaire, an III. »

La misère dont se plaignait Rétif, dans sa colère, n'était en réalité qu'un effet de son mauvais caractère, de son indépendance et de son immense amour-propre. N'avait-il pas obtenu, bien avant le 9 thermidor, un emploi de correcteur-réviseur à l'imprimerie du *Bulletin des lois*, ainsi qu'il a été dit plus haut, et cet emploi, il l'avait conservé depuis, « mais il ne put supporter davantage l'autorité de son patron ».

A ce travail quotidien, rétribué, s'ajoutait la pension de 2.000 livres, votée par la Convention, qu'augmentait encore, mais faiblement, le revenu de la vente de ses volumes, et tout cela ne suffisait point aux besoins de ce Diogène des lettres : il lui fallait solliciter inlassablement, comme son dû, des secours, non point particuliers, mais des deniers de la République.

Lorsque le Directoire exécutif eut, le 12 nivôse, an IV, créé le ministère de la Police générale, des gens qui avaient appartenu à l'ancienne Police royale et à celle du Comité de Sûreté générale, furent appelés à coopérer à la nouvelle organisation. Grâce à d'anciens collègues, très probablement, Rétif obtint un emploi dans les bureaux, non point dès la première heure, mais à la deuxième formation en floréal, an VI (mai 1798) ; car les choses n'allèrent point toutes seules. En effet, sous la première République, il n'allait pas différemment que sous la troisième, l'instabilité ministérielle florissait en plein : le ministère de la

Police générale eut, à lui seul, en un an, six titulaires.

C'est seulement sous le ministre Lecarlier, que l'on constate, d'après les documents officiels, la présence du citoyen Rétif de la Bretonne dans le personnel des bureaux. On le voit en l'an VI (1798), attaché à la 2e section de la 2e direction, c'est-à-dire à *la police secrète*. Il remplit l'emploi de premier sous-chef, avec, pour égal, son collègue Lebrun, et ses appointements ont été fixés à 4.000 livres, à courir du 1er janvier, sur lesquels on lui fait subir le 27, une retenue pour contribution personnelle, et une cotisation patriotique, en faveur des victimes de l'explosion de la poudrière de Grenelle.

La 2e direction est chargée de la surveillance, et de la recherche des personnes, de l'interception de leur correspondance contrerévolutionnaire, enfin de l'instruction première contre les personnes. Le travail était considérable, aussi, chercha-t-on bientôt tous les moyens d'améliorer et surtout de simplifier le service. En fructidor, Lebrun fit à son supérieur un rapport, que celui-ci transmit au ministre. Le deuxième sous-chef semble s'être inspiré du premier, car il propose, en effet, d'établir au ministère une petite imprimerie particulière qui soulagerait considérablement la besogne, notamment pour les expéditions de pièces en un certain nombre d'exemplaires. Lebrun donne des détails techniques en dehors de sa compétence, il établit ensuite un budget, qui est un modèle de précision et d'économie, puis il ajoute : « Le sous-chef du bureau de « direction, indépendamment de ses « occupations ordinaires, dirigera « facilement cette petite imprimerie : « il a été prote dans sa première « jeunesse, il a été employé avant et

« depuis le 9 thermidor, en qualité « de correcteur et de vérificateur à « l'imprimerie du *Bulletin des lois* ; « en conséquence, la direction de « l'imprimerie ministérielle ne coûtera « rien. » (1).

Cette occupation était bien dans les aptitudes de Rétif ; il ne devait pas la conserver longtemps. Les administrations étaient en perpétuel tâtonnements, en incessante réorganisation, et la deuxième section se modifiait chaque mois, selon les idées

(1) Archives Nationales. F7 4266.

des chefs et selon les besoins d'un travail nouveau et fort mal défini.

En prairial an VII, le deuxième bureau est chargé de la surveillance, et de la correspondance sur tous les objets de la Police générale, et spécialement de recueillir l'analyse de tous les rapports, sur les lettres interceptées, les dénonciations, et d'en vérifier l'exactitude, de déterminer les objets qui doivent composer chaque jour le *Bulletin de la Police secrète*, d'indiquer au chef de division les mesures à prendre, de régler, de diriger et d'activer la correspondance, de remettre aux inspecteurs généraux tout ce qui peut être un objet d'observation pour la police secrète.

Ce travail ne paraît pas être dans les aptitudes de Rétif, aussi, dans la division du travail, ne tarde-t-on pas à le voir chargé, d'une manière spéciale et toute particulière, des lettres interceptées, de ce qu'on appelle le CABINET NOIR.

L'institution du cabinet noir, c'est-à-dire de la violation du secret des lettres, remontait à une date fort indéterminée, si bien qu'on pourrait la croire vieille de plusieurs siècles. On prétend que Louis XI la pratiquait, mais ce monarque a bon dos, comme il avait bonne poigne. Ce n'est pas le moment de faire une enquête à ce sujet et de remonter au moins au dieu Mercure. Contentons-nous de dire que Louis XVI, qui savait avec quelle ardeur on avait, sous ses deux derniers prédécesseurs, violé le secret de la correspondance privée, chose qu'il jugeait immorale, déclarait, par un arrêté du Conseil, en date du 10 août 1775, que la correspondance secrète des citoyens est au nombre des choses sacrées, dont les tribunaux comme les particuliers doivent détourner les regards. Il défendait, en conséquence, d'employer en justice les lettres interceptées. Il est inutile de faire remarquer que cette défense ne fut jamais considérée que comme lettre morte. Cependant, dans son rapport au roi, le comte de Clermont-Tonnerre avait dit : « La nation « française s'élève avec indignation « contre cette violation du secret de « la poste, l'une des plus absurdes et « des plus infâmes inventions du « despotisme. »

Or, quand « la Nation » eut prit la place du roi, la Convention décréta à son tour l'inviolabilité de la correspondance des citoyens et « que « quiconque serait convaincu d'avoir

« volontairement supprimé une lettre « confiée à la poste, ou d'en avoir « brisé le cachet et violé le secret, « sera puni de la peine de la dégra- « dation civique. »

En faisant cela, la Convention suivait le bon exemple du roi Louis XVI. Mais ce gouvernement anti-despotique s'empressa d'imiter ce que le ministre Clermont-Tonnerre stigmatisait du nom « d'invention du despotisme ». En effet, par un article spécial, la même Convention déclarait : « Il n'est « apporté, par le présent article, au- « cune atteinte à la surveillance sur « les lettres venant de ou par l'étran-

« ger, ou destinées pour ces mêmes « pays. »

Le comité de Salut public avait affirmé « que le secret des lettres « était un moyen funeste de perdre « la patrie, que le salut public exigeait « que l'on découvrît cette source de « maux de la France, et qu'aucun « citoyen dans un danger aussi grand, « ne peut réclamer le secret de ses « lettres et de sa correspondance, « lorsque le sort de la patrie en exige « impérieusement l'ouverture. » En conséquence, le comité de Salut public institua une commission chargée de cette inquisition. Le Directoire, ayant dissout ladite commission, en transféra les attributions au ministère de la Police générale, nouvellement créé, qui les confia à la 2e division puis au 2e bureau, enfin à une section spéciale de ce bureau, établie sous la direction d'un sous-chef, qui n'était autre que le narrateur des *Nuits de Paris* et des *Contemporaines*, le citoyen Rétif la Bretonne.

D'après une note officielle « cet « homme y sera fort utile pour les « recherches, il y fera aussi les tra-« ductions d'espagnol et d'italien, et « remplira au besoin les fonctions de

« rédacteur, avec huit ou neuf per-
« sonnes sous ses ordres. »

Rétif, traducteur d'espagnol et d'italien, n'avait, selon nous, jamais fait preuve d'un pareil talent, pour se voir chargé de ces fonctions

Les lettres, venues d'Allemagne, d'Angleterre, d'Espagne, d'Italie et autres pays, s'entassaient par milliers dans le local de la section, et cela durait depuis le début de la Révolution. La commission spéciale créée par le comité de Salut public en avait, à elle seule, analysé soixante mille, et l'avalanche continuait : lettres d'émigrés, de prêtres déportés, de gens de toutes catégories, de toutes classes, de toutes les opinions qui avaient fui hors de France devant la persécution, devant la Terreur ; prisonniers de guerre, voyageurs retenus par les événements loin de leur foyer, loin de leur famille, loin de la Patrie. A ces missives, s'ajoutaient celles qui leur étaient adressées et celles plus rares des commerçants.

Quelle attitude pouvait avoir Rétif au milieu de ce cahot, entouré de ses analyseurs, de ses expéditionnaires, de ses enregistreurs ? La vie de bureau lui était jusqu'alors inconnue. On peut à la rigueur s'y adapter ;

mais comment cet indépendant, cet irrégulier, pouvait-il s'astreindre à une règlementation minutieuse du travail et des heures de présence ? Comment cet irrégulier put-il se plier à la régularité des bureaucrates ? Comment le rôdeur nocturne put-il devenir rond-de-cuir et, homme à l'imagination vagabonde, s'enfermer dans le cercle étroit d'une occupation fastidieuse et monotone ? Trouva-t-il même l'occasion de faire de la psychologie en dépouillant et en analysant ces lettres intimes, dont les deux tiers, au moins, n'ont aucunement trait à la politique, et ne contiennent que les expansions du cœur : amour, amitié, inquiétude ? Toutes ces choses n'avaient pas échappé, dans la vie de Paris, à l'auteur de *Monsieur Nicolas ou le cœur humain dévoilé.* Mais tombées sous ses yeux, dans le secret des lettres, elles étaient le produit d'un autre champ, avaient un autre aspect, un parfum qu'il n'avait respiré qu'imparfaitement, parce qu'il n'était pas de son monde.

En général, quand le travail ne plaît pas, on le fait mal. Il y a une expression fort juste : il faut s'adapter à son état. Or Rétif de la Bretonne, « bohême », comme l'on dit aujourd'hui, ne pouvait à l'âge de soixante huit ou soixante neuf ans, s'adapter, surtout avec les infirmités qui, paraît-il, l'avaient vieilli prématurément.

A cette heure fatidique, où l'on sent le poids des ans peser lourdement sur les épaules, où l'on se voit paralysé dans tout son être, un événement se produisit. Fouché, le Conventionnel, l'homme de Nevers et de Lyon, prit le portefeuille de la Police générale, qui changeait de titulaire pour la dixième fois en trois ans et demi. La personnalité de cet homme est bien connue, mais le fonds, le tréfonds de son caractère, l'est beaucoup moins, parce qu'insaisissable, malgré le talent des écrivains qui se sont attachés à nous le montrer sous ses divers aspects. La perspicacité d'un biographe s'acquiert, et n'est pas innée, dans le cerveau d'un jeune historien.

Fouché, l'homme habile par excellence, amenait avec lui un maître organisateur, qui fut l'âme de la police politique, de la fin du Directoire à la Restauration. Pierre-Marie Desmarest, ancien curé, ancien employé dans les vivres aux armées, était un homme sévère, juste, terrible pour les coupables, et pitoyable aux malheureux tombés sous sa coupe.

Desmarest ne tarda pas à voir les défauts d'organisation de la deuxième division, et son premier soin fut d'y remédier, de supprimer les non-valeurs et de centraliser le travail, afin de lui donner une direction unique.

Desmarest établit son plan lentement, avec l'expérience de chaque jour, pendant trois ans, et présenta son rapport, seulement en l'an x, à Fouché, qui l'adopta aussitôt.

La deuxième division du ministère devint alors : le *Bureau particulier*, sous la direction exclusive de son chef, qui fut, de fait, le chef suprême de la *haute Police* ou *Police secrète*.

« Cette division, dit-il, est spécialement chargée de la police d'Etat, c'est-à-dire de la recherche de tous les complots et projets contre la constitution, le gouvernement et la personne des premiers magistrats, ainsi que de la poursuite des provocateurs, auteurs et complices de ces manœuvres. »

On voit, par là, l'étendue des pouvoirs de ce chef, qui avait le droit de s'immiscer dans tout ce qui, de près ou de loin, lui semblerait porter atteinte, ou même ombrage, à ce qu'il était chargé de surveiller : « la librairie, les faux monnayeurs, « les réunions clandestines et les « hommes marquants de tous les « partis et opinions, et les étrangers, « la situation politique morale et « économique de Paris, des départe- « ments et même de l'étranger. »

Puis à la fin, il ajoute :

« Je propose au ministre, de supprimer la section des lettres interceptées, parce que, de fait, cette partie n'a plus d'activité, et que c'est un épouvantail inutile et impolitique.

On utilisera les deux traducteurs qui s'y trouvent. »

« Le sous-chef de cette partie, le citoyen Rétif de la Bretonne sera supprimé ; *mais, à raison de son grand âge, de ses infirmités et de la considération qu'il s'est acquise dans les lettres, on propose au ministre de le placer aux archives* » (1).

Si la section des lettres interceptées était supprimée, il n'en résulte pas que l'objet le fût. « L'épouvantail » ne fut que dissimulé, et les lettres suspectées continuèrent à être in-

(1) Archives Nationales. F7 3006-3007.

terceptées et conservées à la police ou simplement violées, avant de venir aux destinataires. Cette façon de procéder a toujours continué ainsi — par raison d'Etat.

Malheureusement pour Rétif, Fouché n'eut pas la même commisération que son redoutable bras droit. Il n'adopta pas la proposition favorable de Desmarest, et, dans l'arrêté du 24 prairial, an x, qui réorganisait les services de la 2e division, le ministre ajouta de sa propre main :

Les citoyens RÉTIF, *Coudert et Ordiguier sont supprimés, ils rece-*

vront le mois courant à messidor pour indemnité.

Paris, vingt quatre prairial (an X).

FOUCHÉ (1).

Rétif de la Bretonne perdait donc son emploi et ne recevait que trois mois d'appointements, pour toute indemnité ; maigre pitance que ce billet de mille livres, pour cet homme perpétuellement besogneux. Cet argent lui servit-il pour la publication de son dernier ouvrage : *Posthume* ou *Lettres du Tombeau ?* Ce véritable fruit d'une imagination en délire,

(1) Archives Nationales F7 3006-3007.

selon l'expression de Charles Monselet, est à la fois un conte fantastique, une apologie des idées pythagoriciennes, un précis de la Révolution française et un système de physique. « Dans ce vagabondage de la pensée, renchérit M. Funck-Brentano, on est quelquefois surpris d'apercevoir des lueurs étranges et soudaines, jamais tant de verve ne se rencontra avec autant de folie... (1) » Cet ouvrage, qui parut la même année que la perte de son emploi, portait en tête cet aveu lamentable : « L'homme qui vient de

(1) F. FUNCK-BRENTANO. Introduction à l'ouvrage de *Rétif de La Bretonne* : Le Village.

s'épuiser pour imprimer cet ouvrage, n'a que son propre débit pour tous moyens de subsister... » Son appel ne fut point entendu. Alors il répéta son lamentable refrain : « Haï, méprisé, persécuté, trahi, condamné par la pauvreté au travail le plus rude et le plus continuel, abreuvé d'opprobre, réduit longtemps à manquer du nécessaire, tremblant pour ma liberté, craignant pour ma vie, ne trouvant de la joie, ou plutôt de la consolation que dans la vue d'une destruction prochaine, voilà quel a été mon sort. Ce tableau n'est pas exagéré. »

Le pauvre homme, atteint de la

monomanie de la persécution, ne comprend pas qu'il est, lui-même, la cause du mépris et de la misère qu'il éprouve. Il exhale sa rancœur avec persistance contre la société qui ne le proclame pas un génie, contre tout le monde, parce que ses livres ne se vendent pas assez ; il se drape dans sa misère, et tend inlassablement la main vers une obole qu'il croit lui être justement due.

Ce « paysan perverti » est absolument conscient, par exemple, dans ses actions, et son cas n'est pas extraordinaire. N'avons-nous pas vu, en effet, des gens se draper eux aussi dans leur misère ? Mais misère factice, afin d'exploiter la bienveillance, la générosité des uns, le snobisme des autres, en tirer profit et se fabriquer une renommée qui durera ce que dure une intoxication.

Au début de l'hiver de l'an XII, Rétif sentant venir terriblement les rigueurs de la saison, et celles, plus terribles, de la vieillesse et des infirmités, se trouvant sans ressources, se souvint qu'il avait été employé de police, et crut devoir faire appel à la générosité du ministère. Fouché, en disgrâce depuis peu, par suite d'une conduite ambiguë à l'époque de la

« machine infernale, » avait été remplacé, le 14 septembre 1802, par le Grand Juge Régnier, ministre de la Justice, qui assumait provisoirement la charge du ministère de la Police générale — provisoire qui dura deux ans environ.

Rétif lui écrivit, le 11 brumaire, an XII :

Au citoyen Ministre Grand Juge.

Je vous demande pardon de m'adresser à vous qui m'avez quelquefois tendu une main secourable ! Il fait froid, et je n'ai pas de quoi me chauffer...

*Je fais un mémoire sur l'*Afrique

que j'espère présenter au 1er *Consul pour différents objets importants pour la République, entre autres pour les trois objets considérables de l'*or, *des* gommes *et des* bois de construction. *Voilà ce qui m'occupe, d'après des gens surs, honnêtes et bien instruits qui ont vu. Mais, je n'ai pas de feu. Je suis avec un profond respect,*

Citoyen Ministre chef de la Justice,

L'indigent Rétif la Bretonne,

ancien employé (1).

Rue de la
Bucherie
N° 27.

(1) Archives Nationales. F7 3160.

Régnier transmit la pétition au bureau compétent du ministère de la la Police générale. A cette époque, comme du reste de nos jours, les transmissions sont lentes et les décisions plus lentes encore : Ce rapport ne fut fait qu'au bout de *cinquante* jours, et un arrêté fut présenté à la signature du ministre.

On y propose au Grand Juge de répartir une somme de 172 fr. entre les personnes désignées ci-après, dont les besoins sont particulièrement connus et qui sollicitent depuis longtemps des secours de sa bienfaisance.

Savoir :

Le citoyen RÉTIF DE LA BRETONNE, *ancien employé du ministère, homme de lettres, âgé de 70 ans et accablé d'infirmités*.................. *50 fr.*

Décision du 30 frimaire (an XII).

Adopté.

RÉGNIER (1).

Sont-ce les lenteurs perpétuelles de l'administration, ou quelques causes inconnues : maladie, température inclémente, qui firent que le pauvre Rétif ne put toucher ces cinquante livres, que le 8 ventôse, c'est-à-dire, le 28 février 1804, soit quatre mois

---

(1) Archives Nationales. F7 3160

après sa pétition, et un peu moins de trois après l'arrêté du ministre ? Les choses vont peut-être un peu plus vite sous la république actuelle, il faut le penser, sans cela les secours risqueraient d'arriver après la mort des malheureux, comme cela était arrivé pour Raynal.

*
* *

Aucun document ne nous instruit sur la vie que mena Rétif de la Bretonne, pendant les deux dernières années de sa vie, qui se termina le 3 février 1806. Il était alors dans sa 72e année.

« Il ne fut pas enterré, dit M. Funck-Brentano, ainsi qu'il en avait exprimé le désir, au cimetière de l'église de Sacy, près de la porte murée que l'on appelait *la porte des Epousailles*, auprès de son père, de qui il avait écrit la vie ; mais au cimetière Sainte-Catherine, aujourd'hui Montparnasse. Dix-huit cent personnes suivirent le convoi de cet homme, que, dans les derniers temps de sa vie, on était arrivé à traiter comme un réprouvé, et l'Académie, qui lui avait fermé ses portes, honora du moins sa mémoire, par une délégation qu'elle envoya à son enterrement. »

Fontanes lui-même, que Rétif avait maintes fois attaqué, prononça son oraison funèbre. Mais son plus grand éloge fut écrit par sa femme, séparée par un tardif divorce. Elle écrivit en effet à Cubières-Palmezeaux, qui réunissait des notes biographiques sur Rétif : « Tout ce que je puis dire en ce moment, c'est que durant tout le temps (26 ans) que j'ai passé avec lui, j'ai eu la satisfaction de voir mon mari, en homme fort utile au public... » Puis elle ne tarit pas sur la bonté, le dévouement de M. Nicolas envers tous les pauvres, particulièrement les pères de famille et les vieillards :

« Pour refuser à un homme âgé, il aurait fallu qu'il n'eût rien sur lui...» Malgré cela, elle dit avec regret qu'elle eut pu se livrer « au doux plaisir de chanter ses louanges, si le démon de la discorde n'avait pas de son souffle impur empoisonné l'esprit de cet homme naturellement bon (1). »

Ce bourru bienfaisant était, au fond, un impondéré, qui malgré ses *confessions* verbeuses, philantropiques et prétendues morales, n'a jamais livré, de sa vie intime, que ce qu'il a voulu, gardant un profond secret sur ce

(1) F. Funck Brentano, op. cit.

qu'il jugeait pouvoir offusquer les gens, qui réprouvaient le métier qu'il exerçait dans l'obscurité des nuits de Paris.

*
* *

Si Rétif de la Bretonne a été employé par la police de Monsieur le Lieutenant, sous la Monarchie, c'est qu'il l'a bien voulu, parce qu'il y trouvait un moyen d'existence et un moyen de faire à son aise les observations nécessaires pour son genre de productions littéraires, parce que ce métier était dans les goûts du « paysan perverti ».

S'il a été employé sous le Directoire exécutif au ministère de la Police générale, ce ne put être que de sa propre volonté et si sous le Consulat il quitta ses fonctions de sous-chef, chargé de violer le secret des lettres, dans le *Cabinet noir*, ce ne fut pas de son plein gré. Fouché le rendit purement et simplement à ses travaux littéraires et philosophiques, qui lui permirent de publier les *Posthumes*, qui furent saisies.

J. Assézat a donc eu tort d'écrire « que si Rétif avait voulu demander son pain à quelque métier déshonorant, il n'eût pas été obligé de travailler manuellement. » Si, d'après ce biographe, cette place éphémère à la police est la cause probable des accusations portées contre Rétif, il n'aurait pas dû ajouter : « Mais il ne put la remplir, et donna presque immédiatement sa démission (1). »

Rester pour le moins environ trente-six ans dans une place, n'est pas une obligation contre son gré, à moins que ce soit une question vitale, et dans ce cas on ne donne pas sa démission pour le plaisir de la donner. Or, si Rétif de la Bretonne

---

(1) Assézat, op. cit.

a quitté la police, c'est par suite de l'arrêté de Fouché.

Les biographes futurs ne pourront pas prendre au sérieux la défense intempestive présentée par Assézat, avocat passionné, et surtout très mal, ou plutôt nullement documenté sur la vie policière de Nicolas Rétif de la Bretonne.

IMPRIMÉ POUR L'AUTEUR
SUR LES PRESSES
DE CHARLES MILLON
EN MAI 1927
A
LA ROCHELLE

www.ingramcontent.com/pod-product-compliance
Ingram Content Group UK Ltd.
Pitfield, Milton Keynes, MK11 3LW, UK
UKHW020334180726
13839UKWH00002B/704

9 782329 557649